SCHMETTERLINGE

Buch mit 30 Postkarten

parkland

Genehmigte Lizensausgabe für Parkland Verlag, Stuttgart
© 1993 Euredition bv, Den Haag
Produktion: Euredition bv, Den Haag, Holland
Gesamtherstellung: de Grafische Haarlem
ISBN 3 88059 764 2

SCHMETTERLINGE

Die Schmetterlinge sind eine Ordnung der Insekten mit weltweit über 120 000 Arten, von denen etwa 3000 in Mitteleuropa vorkommen. Faszinierend ist nicht nur das vielfältige und oft farbenprächtige Aussehen der Schmetterlinge mit ihren von winzig kleinen Schuppen bedeckten Flügeln und Körpern, sondern auch ihr Werdegang: Aus den von den Schmetterlingen gelegten Eiern schlüpfen Larven, die beim Schmetterling Raupen heißen und oft ebenso gefräßig wie häßlich sind, doch nach mehrmaliger Häutung verpuppen sich die Raupen an geschützten Orten, indem sie sich in eine aus den Speicheldrüsen abgesonderte Seidenfadenhülle (Kokon) einspinnen. In der Hülle bildet sich der Körper um, und nach Ablauf der Ruhezeit sprengt der nun fertige Schmetterling den Kokon, um in sein kurzes Leben zu fliegen, das je nach der Art einige Stunden, mehrere Tage oder auch ein paar Wochen dauert. Diese vollkommene Verwandlung des Schmetterlings mit den Zwischenstadien Raupe und Puppe bezeichnet man als Metamorphose. Schmetterlinge können verschieden groß sein; ihre Flügelspannweite reicht von wenigen Millimetern bis zu 30 Zentimeter. Durch ihren Raupenfraß sind manche Schmetterlingsarten schädlich, doch als Schmetterlinge sind alle Arten nützliche Blütenbestäuber, die sich vom Blütenstaub und dem Nektar der Blüten ernähren. Leider haben Umweltzerstörung und der massive Einsatz von Giften in Ackerbau und Gärtnerei zu einem starken Rückgang der Schmetterlinge geführt, und manche Arten sind ausgestorben. Erst in jüngster Zeit ist man bemüht, durch eine ökologische Bewirtschaftung des Bodens für diese wunderschönen Vertreter der Insektenwelt günstige Lebensräume zu schaffen.

Schmetterlinge

Heliconius melpomone, © B & U Int. Picture Service/Ronald Maaskant (Vidabest), Muiden

Schmetterlinge – Buch mit 30 Postkarten – Parkland Verlag

Heliconius hecalesia, © B & U Int. Picture Service/Ingrid Reupert, Hamburg

Schmetterlinge – Buch mit 30 Postkarten – Parkland Verlag

Junofalter (Papilio juno), © B & U Int. Picture Service/Ronald Maaskant (Vidabest), Muiden

Schmetterlinge – Buch mit 30 Postkarten – Parkland Verlag

Schachbrettfalter (Melanargia galathea), © B & U
Int. Picture Service/Chris Jungman, Zutphen

Schmetterlinge – Buch mit 30 Postkarten – Parkland Verlag

Großer Feuerfalter (Lycaena dispar), © B & U Int. Picture Service/Ingrid Reupert, Hamburg

Schmetterlinge – Buch mit 30 Postkarten – Parkland Verlag

Segelfalter (Iphiclides podalirius), © B & U Int. Picture Service/Ingrid Reupert, Hamburg

Schmetterlinge – Buch mit 30 Postkarten – Parkland Verlag

Trauermantel (Nymphalis), © B & U Int. Picture Service/Ronald Maaskant (Vidabest), Muiden

Schmetterlinge – Buch mit 30 Postkarten – Parkland Verlag

Apollofalter (Parnassius apollo), © B & U Int.
Picture Service/Ingrid Reupert, Hamburg

Schmetterlinge – Buch mit 30 Postkarten – Parkland Verlag

Tagpfauenauge (Inachis), © B & U Int. Picture Service/Rolf Rieken, Saterland

Schmetterlinge – Buch mit 30 Postkarten – Parkland Verlag

Schwalbenschwanz (Papilio machaon), © B & U
Int. Picture Service/Ingrid Reupert, Hamburg

Schmetterlinge – Buch mit 30 Postkarten – Parkland Verlag

D
Schmetterlinge

Blutströpfchen (Zygaena filipendulae), © B & U
Int. Picture Service/Chris Jongman, Zutphen

Schmetterlinge – Buch mit 30 Postkarten – Parkland Verlag

D1

Schmetterlinge

Segelfalter (Graphium marcellus), © B & U Int. Picture Service/Ingrid Reupert, Hamburg

Schmetterlinge – Buch mit 30 Postkarten – Parkland Verlag

Hauhechelbläuling (Polyommatus icarus),
© B & U Int. Picture Service/Chris Jongman,
Zutphen

Schmetterlinge – Buch mit 30 Postkarten – Parkland Verlag

Schmetterlinge

Weihnachtsfalter (Papilio demodocus), © B & U
Int. Picture Service/Ingrid Reupert, Hamburg

Schmetterlinge – Buch mit 30 Postkarten – Parkland Verlag

Südlicher Heufalter (Collias australis), © B & U
Int. Picture Service/Ingrid Reupert, Hamburg

Schmetterlinge – Buch mit 30 Postkarten – Parkland Verlag

Weihnachtsfalter (Papilio demodocus), © B & U
Int. Picture Service/Ronald Maaskant (Vidabest),
Muiden

Schmetterlinge – Buch mit 30 Postkarten – Parkland Verlag

Distelfalter (Vanessa cardui), © B & U Int. Picture Service/Chris Jongman, Zutphen

Schmetterlinge – Buch mit 30 Postkarten – Parkland Verlag

D1 Schmetterlinge

Stelenes siproeta, © B & U Int. Picture Service/Ronald Maaskant (Vidabest), Muiden

Schmetterlinge – Buch mit 30 Postkarten – Parkland Verlag

Segelfalter (Iphiclides podalirius), © B & U Int. Picture Service/Ingrid Reupert, Hamburg

Schmetterlinge – Buch mit 30 Postkarten – Parkland Verlag

Kleiner Eisvogel (Limenitis camilla), © B & U Int.
Picture Service/Ingrid Reupert, Hamburg

Schmetterlinge – Buch mit 30 Postkarten – Parkland Verlag

Kleiner Fuchs (Aglais urticae), © B & U Int.
Picture Service/Ingrid Reupert, Hamburg

Schmetterlinge – Buch mit 30 Postkarten – Parkland Verlag

Io-Falter (Automeris io), © B & U Int. Picture Service/Ingrid Reupert, Hamburg

Schmetterlinge – Buch mit 30 Postkarten – Parkland Verlag

Ligusterschwärmer (Sphinx ligustri), © B & U Int. Picture Service/Ingrid Reupert, Hamburg

Schmetterlinge – Buch mit 30 Postkarten – Parkland Verlag

Hauhechelbläuling (Polyommatus icarus),
© B & U Int. Picture Service/Chris Jongman,
Zutphen

Schmetterlinge – Buch mit 30 Postkarten – Parkland Verlag

Landkärtchen (Araschnia levana), © B & U Int. Picture Service/Chris Jongman, Zutphen

Schmetterlinge – Buch mit 30 Postkarten – Parkland Verlag

Papilio memmon, © B & U Int. Picture Service/Ronald Maaskant (Vidabest), Muiden

Schmetterlinge – Buch mit 30 Postkarten – Parkland Verlag

D

Papilio xuthus, © B & U Int. Picture Service/Ronald Maaskant (Vidabest), Muiden

Schmetterlinge – Buch mit 30 Postkarten – Parkland Verlag

Graellsia isabellae, © B & U Int. Picture Service/Ingrid Reupert, Hamburg

Schmetterlinge – Buch mit 30 Postkarten – Parklard Verlag

Stiefmütterchen-Perlmuttfalter (Fabriciana niobe),
© B & U Int. Picture Service/Ingrid Reupert,
Hamburg

D30

Schmetterlinge

Schmetterlinge – Buch mit 30 Postkarten – Parkland Verlag